A LA MÉMOIRE

DE

M. Charles SCHNITZLER

ÉLÈVE

DU SERVICE DE SANTÉ MILITAIRE

NANCY

IMPRIMERIE BERGER-LEVRAULT ET Cᵢₑ

11, RUE JEAN-LAMOUR, 11

1888

A LA MÉMOIRE

DE M. Charles SCHNITZLER

ÉLÈVE DU SERVICE DE SANTÉ MILITAIRE

Charles SCHNITZLER

Elève du Service de Santé Militaire

A LA MÉMOIRE

DE

M. Charles SCHNITZLER

ÉLÈVE

DU SERVICE DE SANTÉ MILITAIRE

NANCY

IMPRIMERIE BERGER-LEVRAULT ET Cⁱᵉ

11, RUE JEAN-LAMOUR, 11

1888

OBSÈQUES

DE

M. Charles SCHNITZLER

Vendredi 16 mars 1888, à deux heures de l'après-midi, ont eu lieu les obsèques de M. Charles Schnitzler, élève du service de santé militaire, enlevé à l'âge de vingt-quatre ans à l'affection de sa famille et de ses amis, après une longue et pénible maladie.

Une très grande assistance était venue rendre un dernier hommage à ce jeune homme qui, par les grandes qualités de son cœur et son excellent caractère, avait su s'attirer l'amitié sérieuse et réelle de tous ceux qui l'ont approché.

Durant les quatorze mois qu'ont duré ses souffrances il avait toujours conservé une humeur aimable.

Une compagnie du 69ᵉ régiment de ligne a suivi le convoi funèbre jusqu'au cimetière. Six hommes, l'arme sous le bras, faisaient la haie des deux côtés du corbillard. Sur le cercueil on avait posé la tunique et le képi de M. Schnitzler.

Les cordons du poêle étaient tenus par M. Dumont, président du cercle des étudiants ; M. Zumbiehl, élève du service de santé militaire ; M. Étienne, élève de quatrième année de médecine ; M. Fabri, étudiant en pharmacie ; MM. de Langenhagen, élève du service de santé militaire, et Charles Teichmann, lieutenant d'artillerie, amis intimes du défunt.

Au cimetière, M. Tourdes, doyen de la Faculté de médecine, a prononcé un discours où il a retracé la carrière brillante de M. Schnitzler, reçu second au Val-de-Grâce, et enlevé par la mort au moment où il allait, en entrant à l'École, recevoir la juste récompense de ses efforts.

M. de Langenhagen a ensuite porté la parole au nom des amis et des camarades de M. Schnitzler. Il a rappelé, en termes émus, sa bonté, sa franchise, sa bienveillance et son inaltérable bonne humeur. Puis il lui a adressé un dernier adieu.

Parmi les innombrables couronnes qui couvraient le corbillard et qu'on portait derrière le corps nous avons surtout remarqué celles offertes par la 3e compagnie du 1re bataillon du 69e de ligne, par le cercle des étudiants, par les élèves du service de santé militaire, par les étudiants en médecine et en pharmacie et par quelques amis.

Le service funèbre a été fait au temple protestant. M. Charles Schnitzler était le fils de Mme Schlagdenhauffen, la femme du sympathique directeur de notre école de pharmacie.

(Extrait du *Courrier de Meurthe et-Moselle,* Dimanche 18 mars.)

Discours de M. le Pasteur CLEISZ
au Temple protestant.

Si nous sommes préparés à voir la mort frapper ceux qui ont déjà parcouru une longue carrière et qui ont donné ici-bas toute leur mesure, nous ne pouvons nous réconcilier avec elle lorsqu'elle anéantit brusquement des espérances qu'on pouvait légitimement concevoir, lorsqu'elle flétrit dans leur jeunesse et dans leur force des êtres chers devant lesquels la vie semblait s'ouvrir si facile et si douce.

Tout en nous se révolte contre le fait brutal, et la contradiction flagrante des deux termes : jeunesse et mort, est une de celles contre lesquelles notre raison proteste avec la dernière énergie et auxquelles notre cœur se résigne le moins facilement. Hier, c'était la vie dans sa plénitude, les projets enthousiastes, la pleine floraison d'une nature affectueuse et cordiale qui considérait vaillamment en face les devoirs d'une vocation irrésistible ; — aujourd'hui, c'est l'immobilité glacée, le calme solennel de la mort, la fin prématurée de toute espérance terrestre, et, pour ceux qui restent, le suprême déchirement.

N'est-il pas vrai, mes frères, que rien ne nous montre mieux que de semblables contradictions que nous ne sommes point dans l'ordre ; que la vie présente est incapable de répondre à nos meilleures aspirations, qu'elle laisse sans solution les problèmes qu'il nous importe le plus de résoudre ?

N'est-il pas vrai qu'une parole venue d'en haut est seule capable de nous arracher à notre trouble et d'apporter, jusque dans nos plus inconsolables tristesses, l'espérance qui nous les rend supportables ? — Eh bien, mes frères, cette parole a été prononcée, il y a dix-huit siècles, et depuis, des milliers de générations y ont puisé force et certitude aux jours de l'épreuve. *Nous sommes citoyens des cieux,* a dit l'apôtre Paul.

Au milieu de nos deuils, cette parole vient affirmer que la mort n'est qu'une apparence, que la vie seule est la pleine réalité ; que Dieu nous a créés non pas pour mourir, mais pour vivre et que ce serait en vain que, penchés sur le sépulcre, *nous chercherions parmi les morts celui qui est vivant.*

Vivant ? Ah ! il l'est à cette heure, le jeune frère qui repose dans ce cercueil. Il l'est, auprès de Dieu, nous en avons la ferme assurance ; il l'est dans le souvenir ému et fidèle que lui conservent ceux qui l'ont connu et aimé.

Il était difficile, en effet, de le connaitre sans l'aimer. Son abord simple et cordial avait bientôt gagné les cœurs. Deux épreuves avaient développé de bonne heure en lui ce besoin d'affection qui était le fond de sa nature : il avait perdu son père à un âge où il était déjà en mesure de profiter de ses fermes et sages directions, puis, sa ville natale, Strasbourg, à laquelle le ramenaient incessamment ses pensées, ses affections, ses vœux les plus chers d'avenir. On peut dire que ces deux événements décidèrent de l'orientation de sa vie. Il apprit par cette double épreuve à mieux aimer son pays, à mieux estimer à leur valeur les affections si pures, si désintéressées du foyer où il avait trouvé un second père, à la sollicitude éclairée duquel il ne ménageait point les témoignages de son affectueuse gratitude, d'un foyer où il devait voir pendant sa longue maladie, jusqu'à sa dernière heure, une mère toujours empressée autour de lui, disputant pied à pied à la mort une vie si chère, heureuse, comme elle le disait un jour, si elle avait pu donner sa propre vie en échange de la vie de son enfant !

Mais Dieu en avait disposé autrement. Du moins, la pensée que tout a été fait pour alléger les souffrances de celui qui n'est plus, et prolonger sa vie, est-elle une consolation dans un aussi grand déchirement.

Enfant d'Alsace, Schnitzler avait arrêté de bonne heure son choix sur la carrière qu'il devait embrasser. Il avait pensé qu'il ne pouvait mieux témoigner son amour pour la France qu'en la servant dans les rangs de cette armée à laquelle il eût été si fier d'appartenir. Reçu le second au service de santé militaire, l'avenir s'ouvrait devant lui plein de promesses. Passionné pour son art, il en apprenait les secrets sous la direction savante de maîtres qui l'entouraient de leur sympathie autant que de leurs conseils, tandis que dans une camaraderie étroite, heureux prélude de cet esprit de corps qui est la force de notre armée et l'espérance du pays, il trouvait à dépenser les qualités de droiture et de franchise qui le caractérisaient.

Détail touchant ; lorsque la maladie vint interrompre ses études, sa plus pénible préoccupation était la crainte de descendre d'une promotion et de perdre ainsi des amitiés particulièrement chères. Et il avait bien raison d'y attacher tant de prix, car jamais amitiés ne furent plus fidèles. Il ne se passait point de jour sans que l'un ou l'autre de ses camarades ne vint lui apporter avec les nouvelles de l'école un peu de réconfort et de joie, et c'est l'un d'eux qui, fidèle jusqu'à la mort, eut le douloureux privilège de l'assister avec la famille à l'heure du suprême délogement.

Quant à lui, il ne se doutait guère de son état. Malgré plusieurs crises qui devaient lui annoncer l'approche d'un dénouement fatal, il avait la volonté de vivre et de dépenser au service de son pays des forces au rétablissement desquelles il était, hélas ! seul à croire. Des examens subis avec succès au mois de janvier dernier le maintinrent à sa grande joie dans sa promotion. Ce fut le dernier rayon qui éclaira sa vie terrestre, comme sa dernière parole fut un témoignage d'inaltérable amour pour la vocation qu'il avait choisie. — Puis, ce fut tout. — Après une dernière convulsion, ses traits revêtirent le calme majestueux et solennel de la mort. La sérénité reparut sur son visage, comme si, au dernier moment, l'âme avait entrevu les réalités éternelles.

Et pourquoi cela ne serait-il pas, mes frères ? Pourquoi, à l'heure suprême de l'agonie, à l'heure où toutes les influences extérieures meurent une à une, les choses de l'au delà ne nous apparaîtraient-elles pas plus saisissantes, plus lumineuses, laissant errer sur les lèvres de celui qui s'en va ce sourire mystérieux qui nous annonce l'affranchissement de l'âme appelée à se développer dans une autre sphère, dans une terre et sous des cieux nouveaux, où règnent la justice et la vérité ?

Pourquoi à l'heure où les petits intérêts s'évanouissent et s'effacent, où le fond de la vie se révèle dans sa vérité suprême, les aspirations infinies de nos âmes ne se manifesteraient-elles pas, éclairant d'un dernier reflet notre dépouille mortelle ? Pourquoi, citoyens des cieux, n'éprouverions-nous pas, aux approches de la patrie céleste, la joie de celui qui, après les rudes combats de la vie, retrouve à son foyer naturel la paix et le repos ?

Sans doute, ce ne sont là que des présomptions, mais ces présomptions se changent en glorieuses et inébranlables certitudes pour celui qui croit fermement à l'œuvre de réconciliation accomplie ici-bas par Jésus et qui attend avec une foi simple et fidèle la réalisation de promesses qui ont jeté sur l'invisible des clartés nouvelles et décisives.

C'est Jésus qui nous a rendu nos titres de membres de la famille de Dieu en nous montrant en Dieu un père seul capable par son amour de combler le vide immense de nos âmes. C'est Jésus qui nous a apporté dans nos deuils la plus grande parole de consolation qui fût jamais : *Celui qui croit en moi vivra quand même il serait mort.*

Grâce à lui, notre vie présente s'illumine des clartés de l'au delà. *Nous sommes citoyens des cieux* et ce titre suffit pour donner à nos souffrances et à nos deuils la signification sublime d'une éducation pour le ciel. Oui, grâce à l'évangile de Jésus *qui a mis en évidence la vie et l'immortalité,* nous pouvons affirmer que *ceux qui ont faim et soif de justice seront rassasiés ;* que les contradictions insolubles de l'heure présente disparaîtront et s'expliqueront un jour; que la vérité que Jésus a annoncée et dont il a été parmi nous la représentation vivante, est bien celle après laquelle tout homme aspire : la vérité qui console, la vérité qui relève, la vérité qui éclaire parce qu'elle est la lumière resplendissante de Dieu.

La lumière ! Ici-bas, nous ne l'entrevoyons que d'une manière confuse, mais là-haut, elle nous inondera de ses clartés. Lorsque les nuages noirs couvrent le ciel, nous savons que ce n'est que pour un temps, qu'au delà du voile, le soleil brille de tout son éclat. De même lorsque des épreuves mystérieuses et inexplicables aux yeux de la raison viennent nous troubler dans notre foi, nous savons qu'un jour le voile se déchirera, que la lumière se fera, et tournant vers Dieu un regard plein d'une filiale confiance, nous nous écrions avec le prophète : *Les ténèbres ne régne- ront pas toujours... J'espère en l'Éternel !*

Oui, espérez, vous qui pleurez aujourd'hui, car quel plus grand motif de consolation que de savoir celui que vous avez perdu vivant auprès de Dieu ? Délivré de nos misères et de nos souffrances, à l'abri de nos tentations et de nos chutes, il vous attend près de Dieu. Ou plutôt (car il s'opère une sorte de réaction naturelle dans les souvenirs), il vous re- viendra bientôt après le grand déchirement. Vous vivrez en communion plus intime avec lui. Votre pensée le suivra sans amertume. Vous l'associerez de nouveau à vos joies et à vos douleurs et votre esprit, vivant par anticipation dans l'éter- nité, apprendra à se détacher de plus en plus des choses qui sont d'en bas pour *s'affectionner aux choses qui sont d'en haut.*

Quand vous rentrerez dans votre demeure solitaire, devant la place vide qui vous rappellera celui qui n'est plus et auquel les soins multipliés que nécessitait son état vous avaient plus étroitement unis, quand votre douleur sera trop amère, songez à la parole de Jésus : *Ma volonté est que là où je suis, ceux que tu m'as donnés y soient aussi avec moi,* et alors, à votre légitime douleur, se mêlera un sentiment de profonde reconnaissance envers celui à la bonté duquel vous devrez votre éternelle rencontre. Alors comme Job pleurant ses enfants morts, vous vous écrierez : *L'Éternel l'avait donné, l'Éternel l'a ôté, que le nom de l'Éternel soit béni.* Amen !

Discours de M. le Professeur TOURDES, Doyen de la Faculté de médecine.

Un triste sentiment nous réunit autour de cette tombe, prématurément ouverte, où disparaissent les espérances et les promesses de l'avenir. Maîtres et Élèves nous venons donner un dernier témoignage d'affection et d'estime à celui qui, dans ce court passage, avait bien su mériter ces sentiments; il est arrêté dès les premiers pas de sa carrière; on avait pu voir qu'il l'aurait dignement parcourue.

Schnitzler Charles, élève que nous venons de perdre, était né à Strasbourg le 27 mai 1864; sa situation de famille le dirigeait vers la profession médicale, et nous savons quels utiles conseils, quelle affection dévouée le guidaient à l'entrée de cette carrière; sa vocation l'y portait aussi. Une intelligence ouverte et facile recevait les leçons de la science.

C'est vers la médecine militaire qu'il se dirige, vocation si fréquente parmi nos élèves de la région de l'Est, et qui répond à ses sentiments patriotiques; un concours l'y fait admettre avec un rang favorable; certes, son activité, son dévouement, l'appelaient à y rendre des services. Bientôt nommé externe, il entre dans nos cliniques hospitalières; là, ses maîtres ne tardent pas à reconnaître son aptitude aux soins médicaux, le zèle et la satisfaction avec lesquels il remplit ces nouveaux devoirs.

Pendant cette longue maladie, où l'espoir, cette force de la jeunesse, l'a soutenu jusqu'à la dernière heure, la préoccupation de son service lui revenait, et bien près du moment suprême, reconnaissant la voix d'un de ses maîtres, il avait exprimé la pensée de reprendre bientôt ses devoirs. Voilà le mérite de l'élève, le zèle et le travail, les conditions du succès dans notre carrière.

Que dirai-je du vide laissé dans sa famille, des soins dévoués dont il a été l'objet pendant une année de maladie, de cette grande douleur qui accompagne une perte irréparable, et qui s'aggrave encore lorsque celui qui nous est enlevé joignait aux qualités sérieuses celles qui rendent la vie heureuse et facile à ceux qui l'entourent! Les consolations ne se trouvent ici que dans les sentiments d'un autre ordre, dans ceux qui deviennent plus vifs sur les bords d'une tombe et qui maintiennent un lien avec les êtres que nous avons perdus.

La solidarité est puissante dans la profession médicale ; vous qui entrez dans la carrière, nous qui depuis longtemps la parcourons, avons des sentiments communs ; ils se réunissent dans cet adieu, dans un dernier témoignage rendu à cette courte existence qui promettait d'être utile et qui laissera dans chacun de nous un honorable et affectueux souvenir.

Discours de M. Maurice de LANGENHAGEN,
Élève du Service de santé militaire.

Au nom des Étudiants je viens dire un dernier adieu au camarade Schnitzler ; *camarade,* il l'était dans toute l'acception du terme, bon, serviable, indulgent, franc, honnête et loyal, d'un commerce sûr et agréable ; aussi sa mort a-t-elle excité un universel sentiment de regret, et tous les étudiants ont-ils tenu à manifester d'une façon toute spéciale leur sympathie et leur douleur.

Dans ce deuil général, je dois toutefois faire une place toute particulière au Cercle des Étudiants d'abord, qu'il aimait comme une seconde famille, dont il fut l'un des soutiens les plus dévoués et les plus utiles, et qui lui gardera toujours un affectueux souvenir, — et enfin à ses camarades du Service de santé militaire, qui perdent en lui un de ceux qui les eussent le plus honorés ; car ce qu'il aimait par-dessus tout au monde, c'était cette carrière de la médecine militaire qu'il avait choisie, et je puis dire ici que c'eût été pour lui une consolation suprême, si, avant de fermer les yeux, il eût pu savoir qu'on coucherait sur son cercueil cet uniforme français que son unique ambition était de revêtir un jour.

Qu'il me soit permis enfin, à moi qui depuis les bancs de l'école ai pu l'apprécier, de dire ici quel cœur aimant, quel esprit généreux et élevé, quel ami fidèle, affectueux, dévoué jusqu'au sacrifice, perdent tous ceux qui ont eu le bonheur de pénétrer dans son intimité.

Sa vie est un modèle de bonté et de droiture, et nous nous efforcerons toujours d'imiter l'exemple qu'il nous a laissé.

Adieu, mon vieil ami, adieu !

Nancy, imprimerie Berger-Levrault et Cⁱᵉ.

9 782329 558950